JUN -- 2018

LAROUSSE

Recetas VEGETARIANAS

BÉRENGÈRE ABRAHAM
FOTOGRAFÍAS DE MARIE-JOSÉ JARRY

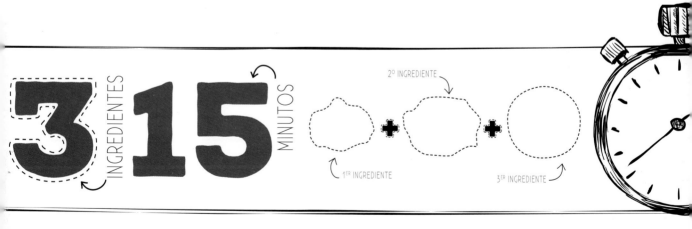

3 INGREDIENTES **15** MINUTOS

2° INGREDIENTE

1ER INGREDIENTE

3ER INGREDIENTE

LAROUSSE

Sumario

ARÁNDANOS
DESHIDRATADOS

GERMINADO DE SOYA

PIMIENTO MORRÓN

ENTRADAS

PLATILLOS A BASE DE TOFU O LEGUMINOSAS

Continuación
DE SUMARIO

POSTRES

RECETAS COMPLEMENTARIAS

ÍNDICE DE INGREDIENTES Y RECETAS

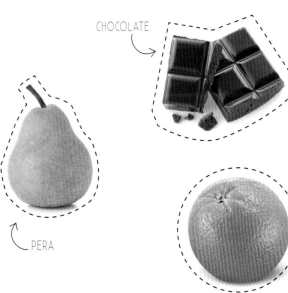

CHOCOLATE

PERA

NARANJA

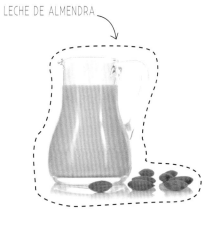

LECHE DE ALMENDRA

INTRO DUC CIÓN

Alimentos sanos para un cuerpo saludable

Hoy en día la cocina vegetariana está en auge. Cada vez son más personas las que optan por esta dieta debido a distintas razones: estética, preferencias y gustos personales, preocupación por el medio ambiente, entre otras. La cocina vegetariana en varias ocasiones ha sido acusada de generar carencias nutricionales; sin embargo, cuando está bien equilibrada es sinónimo de una cocina saludable, sencilla y completa. Además, se pueden asociar distintos ingredientes para formar asombrosos platillos llenos de sabor y de cualidades nutricionales.

La elección de ingredientes vegetales como base de la alimentación puede parecer algo austero y monótono para algunas personas; sin embargo, se pueden elegir los ingredientes en función de la época del año, para obtener platillos frescos y completamente distintos en invierno que en verano.

Las proteínas vegetales son muy importantes dentro de una dieta vegetariana. Éstas se encuentran en productos como el tofu y los derivados de la soya; en las leguminosas, como lentejas, frijoles, chícharos y ejotes; en los cereales como el arroz, el maíz y la quinoa, y en los frutos secos. Asimismo, algunas verduras también son una fuente de proteínas vegetales, aunque en menor proporción. Para obtener una dosis completa y equilibrada de proteínas es necesario tener una alimentación variada combinando ciertos grupos de alimentos como cereales y leguminosas, oleaginosas y cereales, o leguminosas y oleaginosas.

¿Quién se opondría a una comida sencilla, saludable y rápida de cocinar? Para lograrlo, prepare según sus preferencias y antojos alguna de las 55 deliciosas recetas vegetarianas que se incluyen en este libro. Surta su alacena con productos vegetarianos saludables y complemente con vegetales y frutas frescas y de temporada. Le aseguramos que muchas de las recetas que encontrará en este libro, ya sean entradas, platos fuertes o postres, se convertirán en sus favoritas.

Ingredientes

Estos son los ingredientes básicos que debe tener en su alacena, que le permitirán preparar platillos y postres vegetarianos sencillos y en poco tiempo, pero con un sabor incomparable.

Ingredientes salados y dulces

HARINA DE TRIGO
(REFINADA O INTEGRAL)

SAL Y PIMIENTA

CUBOS DE CALDO
DE VERDURAS

SALSA DE SOYA

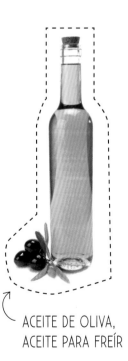

ACEITE DE OLIVA,
ACEITE PARA FREÍR

ACEITE DE AJONJOLÍ

MIEL DE ABEJA

POLVO PARA HORNEAR

AZÚCAR

AJO

CEBOLLAS (BLANCA, MORADA, AMARILLA...)

CHALOTAS

CHILE PIQUÍN EN POLVO O MEZCLA DE ESPECIAS PARA CHILI

NUEZ MOSCADA

ESPECIAS EN POLVO (CURRY, *RAS EL-HANOUT*, GARAM MASSALA, TANDOORI...)

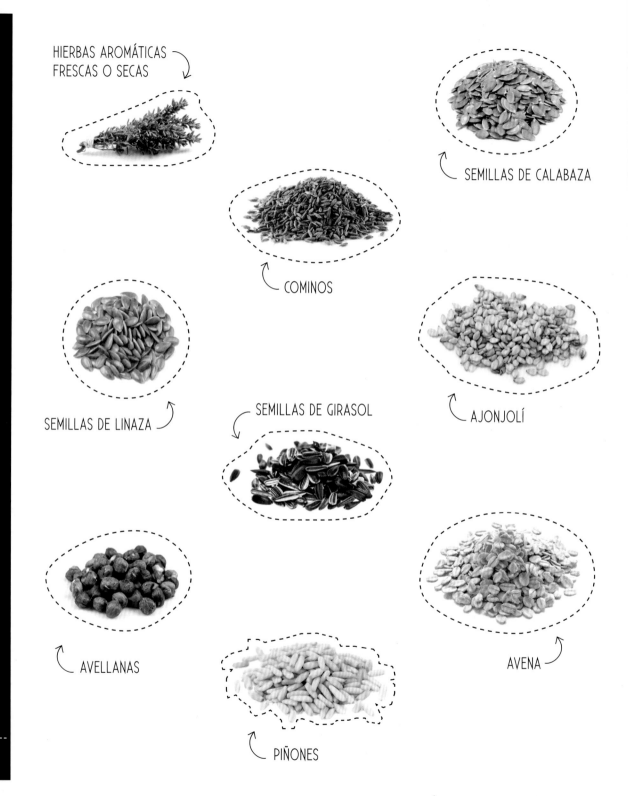

HIERBAS AROMÁTICAS
FRESCAS O SECAS

SEMILLAS DE CALABAZA

COMINOS

SEMILLAS DE LINAZA

SEMILLAS DE GIRASOL

AJONJOLÍ

AVELLANAS

PIÑONES

AVENA

Ingredientes frescos

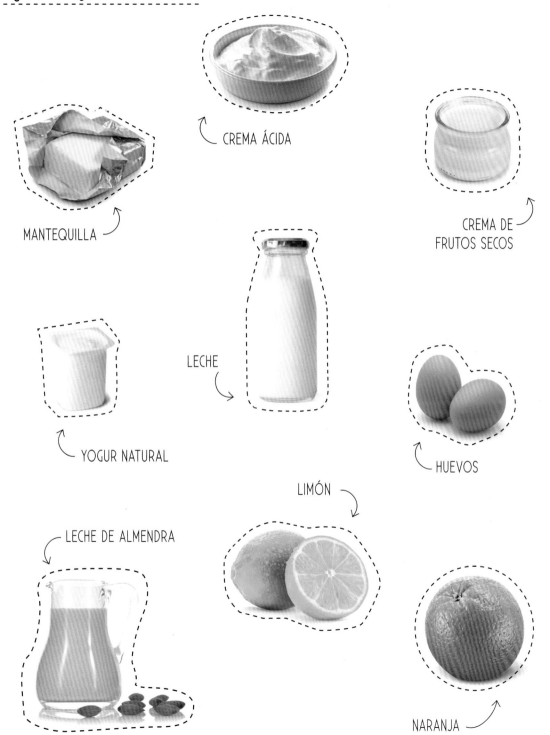

CREMA ÁCIDA

MANTEQUILLA

CREMA DE
FRUTOS SECOS

LECHE

YOGUR NATURAL

HUEVOS

LIMÓN

LECHE DE ALMENDRA

NARANJA

Crepas con leche de almendra
Y MANZANAS CARAMELIZADAS

500 ML DE LECHE DE ALMENDRA

3 HUEVOS

4 MANZANAS
DESCORAZONADAS

ADEMÁS...

+ 250 G DE HARINA DE TRIGO

+ 25 G DE MANTEQUILLA + CANTIDAD
SUFICIENTE PARA ENGRASAR

+ 2 CUCHARADAS DE AZÚCAR

+ CANTIDAD SUFICIENTE
DE AZÚCAR GLASS

CONSEJO

Sirva las crepas acompañadas con una salsa ajonjolí. Para elaborarla mezcle en un tazón 4 cucharadas de crema para batir con 2 cucharadas de *tahini*.

PROCEDIMIENTO

1 Bata en un tazón los huevos con la leche de almendra e incorpore poco a poco la harina de trigo hasta que obtenga una preparación sin grumos.

2 Ponga sobre fuego medio un sartén antiadherente engrasado con un poco de mantequilla; cuando se caliente, añádale un cucharón de la mezcla para crepas, girando ligeramente el sartén para que la mezcla cubra por completo su superficie. Deje cocer la crepa durante 2 minutos, despéguela de las orillas y dele la vuelta con una espátula de plástico o silicón; continúe la cocción durante 1 minuto más y retire la crepa del sartén. Colóquela en un plato y espolvoréela con un poco de azúcar glass. Repita este paso con el resto de la mezcla para crepas; conforme las vaya cociendo, resérvelas una encima de otra.

3 Corte las manzanas en gajos delgados. Derrita la mantequilla en el sartén donde coció las crepas; añada el azúcar y los gajos de manzana, y saltéelos hasta que se caramelicen; retire el sartén del fuego. Sirva las crepas rellenas con las manzanas caramelizadas.

Smoothie de pera
CON MANZANA Y TOFU

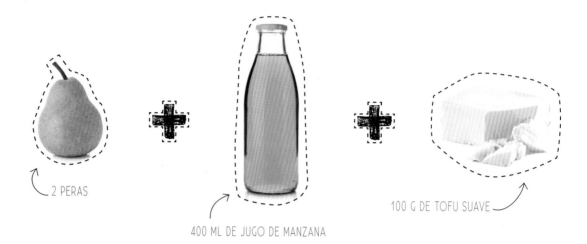

2 PERAS

400 ML DE JUGO DE MANZANA

100 G DE TOFU SUAVE

ADEMÁS...

+ EL JUGO DE 1 LIMÓN

+ CUBOS DE HIELO AL GUSTO
(OPCIONAL)

PROCEDIMIENTO

1 Pele las peras, descorazónelas y córtelas en trozos.

2 Licue ligeramente los trozos de pera con el resto de los ingredientes hasta obtener una preparación grumosa. Si lo desea, agregue cubos de hielo al gusto y continúe batiendo hasta obtener una consistencia *frappé*. De lo contrario, termine de licuar sin los cubos de hielo hasta que el smoothie esté terso y homogéneo.

 CONSEJO

Sirva los smoothies y espolvoréelos con hojuelas de avena al gusto.

Tiempo de
preparación: 00:10
Modo y tiempo
de cocción: SIN
COCCIÓN 00:00

Barras de avena con chabacanos
Y ALMENDRAS

80 G DE OREJONES DE CHABACANO, FRESCOS

80 G DE ALMENDRAS

200 G DE AVENA

ADEMÁS...

+ 100 G DE MANTEQUILLA

+ 120 G DE AZÚCAR

+ 1 CUCHARADA DE MIEL DE ABEJA

PROCEDIMIENTO

1 Precaliente el horno a 160 °C. Ponga sobre el fuego una olla pequeña con la mantequilla, el azúcar y la miel; mezcle hasta que se derritan y reserve esta preparación.

2 Trocee las almendras y corte los orejones en trozos pequeños. Mézclelos en un tazón junto con la avena y la mezcla de miel y mantequilla.

3 Cubra una charola para hornear con papel siliconado y extienda encima la mezcla presionándola ligeramente para que adquiera la forma de ésta. Hornéela durante 30 minutos o hasta que la superficie esté dorada. Sáquela y déjela enfriar. Corte la preparación en 15 barras y sírvalas.

VARIANTE

Prepare esta receta con otros frutos secos, como nueces, avellanas o pistaches.

Avena caliente con leche
DE ALMENDRA Y DURAZNO

500 ML DE LECHE DE ALMENDRA

2 DURAZNOS SIN SEMILLA

75 G DE AVENA

ADEMÁS...

+ 2 CUCHARADAS DE AZÚCAR

+ 2 CUCHARADAS DE SEMILLAS
DE LINAZA O DE GIRASOL

PROCEDIMIENTO

1 Corte los duraznos en cubos pequeños y resérvelos.

2 Ponga sobre el fuego una olla pequeña con la leche de almendra y el azúcar; mezcle hasta que la preparación se caliente. Baje el fuego, añada la avena y mezcle constantemente durante 10 minutos o hasta que la avena esté bien cocida. Retire la olla del fuego.

3 Incorpore a la avena los cubos de durazno y las semillas de linaza o de girasol y sírvala caliente.

 CONSEJO

Agregue a la avena frutas
deshidratadas al gusto o hierbas
aromáticas picadas, como menta
o hierbabuena.

Huevos revueltos
CON CREMA DE ALMENDRA

80 ML DE CREMA DE ALMENDRA
(VER PÁG. 102)

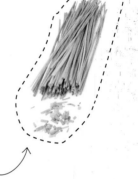

8 HUEVOS

1 MANOJO DE CEBOLLÍN

ADEMÁS...

+ 15 G DE MANTEQUILLA CON SAL

+ 3 CUCHARADAS DE MEZCLA DE GRANOS Y/O SEMILLAS (CALABAZA, GIRASOL, LINAZA, ARROZ INFLADO, ETCÉTERA)

+ SAL Y PIMIENTA AL GUSTO

CONSEJO

Cocer los huevos a baño María permite que conserven una consistencia cremosa y que no se sequen.

PROCEDIMIENTO

1 Bata en un tazón los huevos con sal y pimienta al gusto. Pique finamente el cebollín.

2 Ponga sobre fuego medio una cacerola con un poco de agua. Cuando se caliente, colóquele encima un tazón de vidrio engrasado con la mantequilla, más grande que la cacerola, de forma que sólo toque el vapor.

3 Añada los huevos al tazón; cuézalos, mezclándolos ocasionalmente, entre 5 y 7 minutos o hasta que estén tiernos; añada el resto de los ingredientes y mezcle bien. Continúe la cocción durante 2 minutos más y retire del fuego. Rectifique la cantidad de sal y de pimienta, y sirva.

Dip de trigo sarraceno
CON BASTONES DE CALABACITA

250 G DE YOGUR NATURAL SIN AZÚCAR

100 G DE TRIGO SARRACENO

3 CALABACITAS

ADEMÁS...

+ EL JUGO DE 1/2 LIMÓN
+ 1 CUCHARADA DE ACEITE DE OLIVA
+ SAL Y PIMIENTA AL GUSTO

REPOSO: 06:00

PROCEDIMIENTO

1 Remoje el trigo sarraceno en agua fría durante 6 horas y escúrralo. Ponga sobre el fuego una cacerola con agua y un poco de sal; cuando hierva, agregue el trigo sarraceno y cuézalo durante 20 minutos. Escúrralo y déjelo enfriar.

2 Corte las calabacitas en bastones.

3 Licue el yogur con el jugo de limón, el trigo sarraceno y el aceite de oliva hasta que obtenga una preparación homogénea; salpiméntela al gusto.

4 Sirva el dip acompañado con los bastones de calabacita.

VARIANTE

Sustituya las calabacitas por zanahorias, pepinos, coliflor o por una mezcla de los vegetales de su preferencia.

Panecillos
EXPRÉS

500 G DE YOGUR NATURAL
SIN AZÚCAR

350 G DE HARINA DE TRIGO

3 CUCHARADAS DE *ZA'ATAR*

ADEMÁS...

+ 6 G DE POLVO PARA HORNEAR

+ 30 G DE MANTEQUILLA CON SAL

+ JUGO DE LIMÓN AL GUSTO

+ SAL Y PIMIENTA AL GUSTO

CONSEJOS

Puede sustituir el *za'atar* por la mezcla de especias molidas de su elección o por hierbas aromáticas frescas picadas.

En lugar de yogur mezclado con jugo de limón, acompañe estos panecillos con el dip de su preferencia.

PROCEDIMIENTO

1 Mezcle en un tazón la harina de trigo con el polvo para hornear, sal y pimienta al gusto. Incorpore 350 gramos de yogur natural mezclándolo hasta obtener una masa homogénea.

2 Derrita la mantequilla en el microondas, añádale el *za'atar* y resérvela.

3 Divida la masa en 8 o 10 porciones y deles forma de esferas. Aplane las esferas de masa con sus manos ligeramente enharinadas. Colóquelas sobre una superficie enharinada y, con un cuchillo, marque 3 o 4 líneas paralelas en la superficie.

4 Ponga sobre el fuego un sartén antiadherente; cuando se caliente, añádale 2 o 3 panecillos y cuézalos entre 2 y 3 minutos por cada lado o hasta que estén ligeramente dorados. Barnícelos por uno de sus lados con la mantequilla con *za'atar*, deles la vuelta y continúe la cocción durante 1 minuto más. Retírelos del fuego y resérvelos dentro de un trapo de cocina limpio para que se mantengan calientes mientras cuece el resto de los panecillos. Sírvalos acompañados con el yogur natural restante mezclado con un poco de jugo de limón.

Dip de habas
Y ACEITUNAS NEGRAS

200 G DE TOFU SUAVE

 +  +

375 G DE HABAS VERDES

15 ACEITUNAS NEGRAS SIN SEMILLA

ADEMÁS...

+ LA RALLADURA Y EL JUGO DE 1 LIMÓN
+ 2 CUCHARADAS DE ACEITE DE OLIVA
+ SAL AL GUSTO

CONSEJO

Espolvoree el dip con ajonjolí
y cilantro picado antes
de servirlo.

PROCEDIMIENTO

1 Ponga sobre el fuego una olla con agua y un poco de sal; cuando hierva, añada las habas y cuézalas durante 10 minutos. Escúrralas, enfríelas bajo el chorro de agua fría y pélelas.

2 Muela en un procesador de alimentos las habas con el tofu, el jugo de limón y el aceite de oliva hasta obtener una dip cremoso, homogéneo y con pocos grumos. Salpiméntelo al gusto.

3 Corte las aceitunas en trozos pequeños e incorpórelos al dip. Mezcle y rectifique la cantidad de sal y de pimienta. Sirva el dip con Panecillos exprés (ver pag. 22) o con pan tostado al gusto.

Tiempo de
preparación: 00:15
Modo y tiempo
de cocción: SIN COCCIÓN 00:10

Dip de lentejas
Y ZANAHORIAS CON AJONJOLÍ

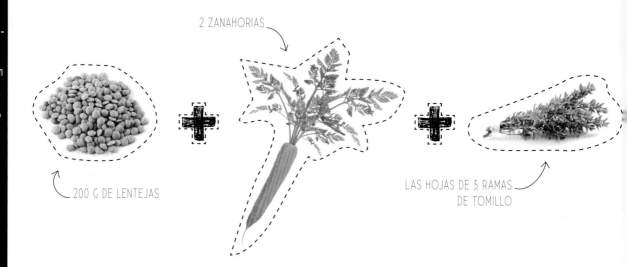

2 ZANAHORIAS

200 G DE LENTEJAS

LAS HOJAS DE 3 RAMAS
DE TOMILLO

ADEMÁS...

+ 1 CUBO DE CALDO DE VERDURAS

+ 2 CUCHARADAS DE AJONJOLÍ

+ SAL Y PIMIENTA AL GUSTO

PROCEDIMIENTO

1 Ponga sobre el fuego una olla con ½ litro de agua, las lentejas, el cubo de caldo de verduras y las hojas de tomillo. Cueza las lentejas durante 20 minutos o hasta que estén suaves.

2 Ralle las zanahorias con un rallador grueso y agréguelas a las lentejas. Continúe la cocción durante 10 minutos o hasta que las lentejas estén muy suaves y el agua se haya consumido por completo.

3 Presione las lentejas con un machacador de frijoles y añádales el ajonjolí, así como sal y pimienta al gusto; mezcle bien y deje enfriar el dip. Consérvelo en refrigeración hasta el momento de servirlo.

CONSEJO

Disfrute este dip acompañado
con galletas saladas, pan tostado
o bastones de verduras como
jícama, zanahoria y apio.

Champiñones rellenos de ricotta
Y GERMINADOS

4 CUCHARADAS DE QUESO RICOTTA

8 CHAMPIÑONES GRANDES

1/4 DE TAZA DE GERMINADOS MIXTOS

ADEMÁS...

+ 2 CUCHARADAS DE ACEITE DE OLIVA

+ 1 CHALOTA PICADA

+ 1 CUCHARADITA DE CURRY EN POLVO

+ 1 CUCHARADA DE SEMILLAS DE GIRASOL

+ SAL Y PIMIENTA AL GUSTO

PROCEDIMIENTO

1 Separe los pies de los champiñones y píquelos finamente. Reserve los sombreros.

2 Ponga sobre el fuego un sartén con el aceite de oliva; cuando se caliente, acitrone la chalota con el curry en polvo durante 2 minutos. Agregue los pies de champiñones picados y continúe la cocción durante 10 minutos mezclando ocasionalmente. Retire la preparación del fuego e incorpórele el queso ricotta y las semillas de girasol.

3 Rellene los sombreros de los champiñones con la preparación y espolvoréelos con sal y pimienta al gusto. Decórelos con los germinados mixtos y sírvalos.

VARIANTE

Sustituya el queso ricotta por la misma cantidad de queso mascarpone. Si lo desea, también puede añadir al relleno hojuelas de chile seco al gusto.

Caldo de hinojo, zanahorias
Y CEBADA PERLADA

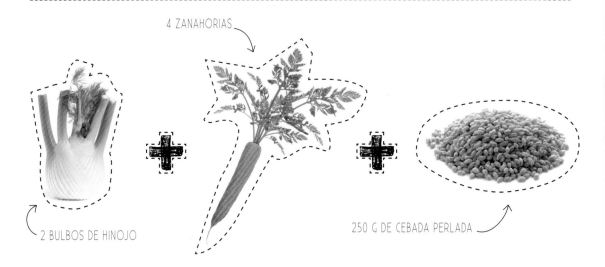

4 ZANAHORIAS

2 BULBOS DE HINOJO

250 G DE CEBADA PERLADA

ADEMÁS...

+ 2 CUCHARADAS DE ACEITE DE OLIVA

+ 2 CEBOLLAS CAMBRAY PICADAS

+ 1 CUCHARADITA DE CURRY EN POLVO

+ 2 CUBOS DE CALDO DE VERDURAS

+ SAL Y PIMIENTA AL GUSTO

VARIANTE

Sustituya la cebada perlada
por la misma cantidad de cereales
similares, como trigo, mijo, trigo
sarraceno o farro. Elija granos
que sean lo suficientemente duros
para que no se deshagan durante
la cocción.

PROCEDIMIENTO

1 Filetee los bulbos de hinojo y corte las zanahorias en cubos.

2 Ponga sobre el fuego una olla con el aceite de oliva; cuando se caliente, acitrone la cebolla picada con el curry en polvo durante 2 minutos. Agregue el hinojo fileteado, los cubos de zanahoria, 2 litros de agua, 1 cubo de caldo de verduras, sal y pimienta al gusto. Baje el fuego a media intensidad y deje cocer la preparación durante 35 minutos.

3 Mientras las verduras se cuecen, enjuague la cebada perlada con agua fría y colóquela en una cacerola con 1 litro de agua y el cubo de caldo restante. Ponga la cacerola sobre el fuego y cueza la cebada durante 30 minutos o hasta que esté suave. Escúrrala e incorpórela al caldo de hinojo y zanahoria. Sírvalo caliente.

Sopa de chícharos
CON LECHE DE ALMENDRA

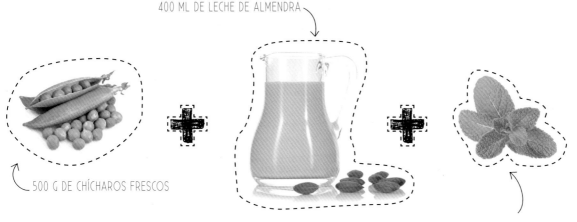

400 ML DE LECHE DE ALMENDRA

500 G DE CHÍCHAROS FRESCOS

LAS HOJAS DE 10 RAMAS DE MENTA FRESCA

ADEMÁS...

+ SAL Y PIMIENTA AL GUSTO

+ CUBOS DE HIELO AL GUSTO

PROCEDIMIENTO

1 Ponga sobre el fuego una olla con suficiente agua y un poco de sal; cuando hierva, añada los chícharos y cocínelos durante 12 minutos o hasta que estén suaves. Escúrralos y enfríelos bajo el chorro de agua fría.

2 Reserve 2 cucharadas de chícharos y algunas hojas de menta para decorar. Licue el resto de los chícharos y de las hojas de menta con la leche de almendra hasta obtener una preparación homogénea.

3 Salpimiente la sopa al gusto y añádale algunos cubos de hielo. Sirva la sopa fría decorada con los chícharos y las hojas de menta que reservó.

CONSEJO

Para una sopa con una consistencia más cremosa, añádale 2 cucharadas de Crema de frutos secos (ver pág. 102) antes de licuarla.

Tartaletas de coliflor
Y JITOMATE

1 COLIFLOR

+

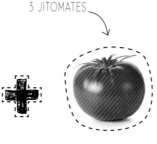

3 JITOMATES

+

LAS HOJAS DE 4 RAMAS
DE TOMILLO

ADEMÁS...

+ 1 HUEVO

+ 1 CUCHARADA DE ACEITE DE OLIVA

+ SAL Y PIMIENTA AL GUSTO

PROCEDIMIENTO

1 Precaliente el horno a 200 °C. Cubra una charola para hornear con papel siliconado.

2 Corte la coliflor en floretes pequeños y muélalos en tandas en un procesador de alimentos hasta obtener una especie de sémola. Mézclala en un tazón con el huevo y salpimiente al gusto. Coloque 8 porciones de la mezcla sobre la charola con ayuda de una cuchara; extiéndalas y alise la superficie con una espátula. Hornéelas durante 10 minutos.

3 Corte los jitomates en rodajas, distribúyalas sobre las tartaletas de coliflor, rocíelas con el aceite de oliva y espolvoree encima las hojas de tomillo. Continúe la cocción en el horno durante 10 minutos más. Sirva las tartaletas calientes.

CONSEJO

En caso de que la sémola de coliflor esté muy húmeda, colóquela en una charola para hornear y hornéela a 120 °C durante 10 minutos.

Sopa de lentejas
CON LECHE DE COCO

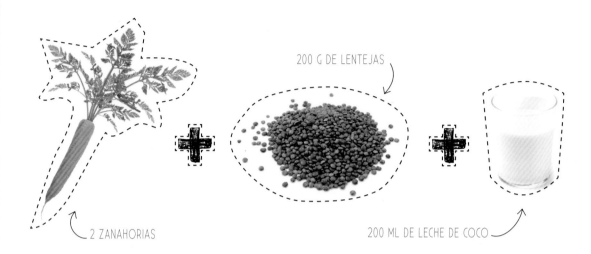

200 G DE LENTEJAS

2 ZANAHORIAS

200 ML DE LECHE DE COCO

ADEMÁS...

+ 2 CUCHARADAS DE ACEITE DE OLIVA
+ 1 CEBOLLA PICADA
+ 1 CUCHARADITA DE CURRY EN POLVO
+ SAL Y PIMIENTA AL GUSTO

REPOSO: 00:30

CONSEJO

Para una sopa más perfumada, agregue
junto con las lentejas, jengibre fresco rallado
o té limón al gusto. Para tener siempre
té limón disponible, corte los tallos frescos,
déjelos secar a temperatura ambiente
y consérvelos en un recipiente hermético;
o bien, guarde los tallos en una bolsa
resellable y consérvelos en el congelador.

PROCEDIMIENTO

1 Remoje las lentejas en suficiente agua fría durante 30 minutos y escúrralas. Corte las zanahorias en cubos pequeños.

2 Ponga sobre el fuego una olla con el aceite de oliva; cuando se caliente, acitrone la cebolla con el curry en polvo durante 3 minutos. Agregue los cubos de zanahoria, las lentejas, sal y pimienta al gusto; mezcle bien y vierta 1 litro de agua. Baje el fuego a media intensidad y deje cocer la preparación durante 30 minutos.

3 Escurra el exceso de líquido de la preparación y licuela con la leche de coco hasta obtener una sopa homogénea. Rectifique la cantidad de sal y de pimienta y sirva.

Zanahorias glaseadas
CON MIEL DE ABEJA Y FETA

4 CUCHARADAS DE MIEL DE ABEJA

150 G DE QUESO FETA

8 ZANAHORIAS

ADEMÁS...

+ 25 G DE MANTEQUILLA CON SAL
+ 2 CUCHARADAS DE AJONJOLÍ TOSTADO
+ SAL Y PIMIENTA AL GUSTO

VARIANTE

Puede sustituir la miel de abeja por la misma cantidad de jarabe de maple natural. Si desea una opción vegana, sustituya el queso feta por la misma cantidad de tofu firme.

PROCEDIMIENTO

1 Corte las zanahorias por la mitad a lo largo.

2 Ponga sobre el fuego un sartén con la mantequilla; cuando se derrita, coloque en él las mitades de zanahoria con el lado plano hacia abajo. Báñelas con la miel de abeja y salpiméntelas al gusto, vierta lentamente ½ taza de agua por una de las orillas del sartén. Tápelo y deje cocer las zanahorias durante 10 minutos.

3 Destape las zanahorias y continúe la cocción durante 10 minutos más o hasta que el líquido se haya evaporado por completo y las zanahorias estén suaves y brillantes.

4 Transfiera las zanahorias glaseadas a un plato de servicio; desmoróneles encima el queso feta y espolvoréeles el ajonjolí tostado. Rectifique la cantidad de sal y de pimienta y sirva.

Ensalada de quinoa
CON PIMIENTO Y CILANTRO

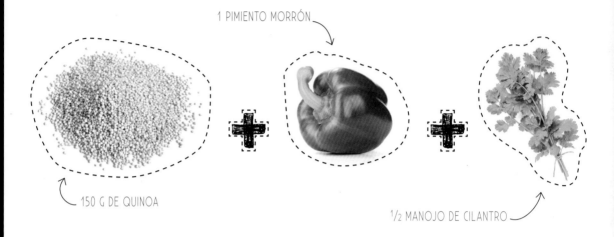

1 PIMIENTO MORRÓN

150 G DE QUINOA

1/2 MANOJO DE CILANTRO

ADEMÁS...

+ 1/2 CEBOLLA PICADA FINAMENTE
+ 3 CUCHARADAS DE ACEITE DE OLIVA
+ EL JUGO DE 1 LIMÓN
+ 1 PIZCA DE CHILE PIQUÍN EN POLVO
+ SAL Y PIMIENTA AL GUSTO

PROCEDIMIENTO

1 Ponga sobre fuego medio una olla pequeña con 300 mililitros de agua y un poco de sal; cuando hierva, añada la quinoa y cuézala, mezclándola ocasionalmente, durante 10 minutos o hasta que se haya consumido toda el agua. Enfríe la quinoa bajo el chorro de agua fría y escúrrala.

2 Retire las semillas y las venas del pimiento morrón y córtelo en cubos. Pique el cilantro.

3 Mezcle en un tazón la quinoa con los cubos de pimiento, el cilantro picado, la cebolla, el aceite de oliva, el jugo de limón y el chile piquín en polvo. Salpimiente al gusto y sirva.

VARIANTE

Complemente esta ensalada con ingredientes que tenga en su alacena como frutos secos, jitomates deshidratados o semillas tostadas.

Tiempo de preparación: 00:15

Modo y tiempo de cocción: SIN COCCIÓN 00:10

Tiempo de preparación: 00:15

Modo y tiempo de cocción: SIN COCCIÓN 00:05 / 00:07

Ensalada de pasta
CON PESTO DE MENTA

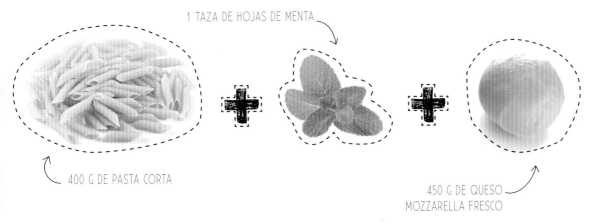

1 TAZA DE HOJAS DE MENTA

400 G DE PASTA CORTA

450 G DE QUESO
MOZZARELLA FRESCO

ADEMÁS...

+ 6 CUCHARADAS DE ACEITE DE OLIVA

+ 3 CUCHARADAS DE PIÑONES

+ SAL Y PIMIENTA AL GUSTO

PROCEDIMIENTO

1 Ponga sobre el fuego una olla con suficiente agua para cocer en ella la pasta y un poco de sal; cuando hierva, agregue la pasta y cuézala al dente siguiendo las instrucciones del empaque. Escurra la pasta y enfríala bajo el chorro de agua fría; escúrrala nuevamente y mézclala en un tazón con 2 cucharadas de aceite de oliva.

2 Triture en un procesador de alimentos las hojas de menta con los piñones y el aceite de oliva restante. Salpimiente al gusto y continúe moliendo hasta obtener una pasta homogénea. Añada el pesto de menta a la pasta y mezcle bien.

3 Corte el queso mozzarella en cubos. Añádalos a la pasta, rectifique la cantidad de sal y pimienta y sirva.

VARIANTE

Prepare esta receta con la pasta corta de su preferencia: tornillos, moños, penne, macarrones, etcétera. Puede sustituir la menta por la misma cantidad de hojas de albahaca o perejil.

Ensalada de zanahoria
Y GERMEN DE SOYA

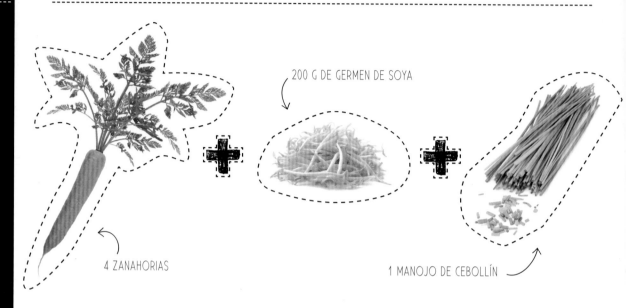

200 G DE GERMEN DE SOYA

4 ZANAHORIAS

1 MANOJO DE CEBOLLÍN

ADEMÁS...

+ EL JUGO DE 1 LIMÓN

+ 2 CUCHARADAS DE SALSA DE SOYA

+ 3 CUCHARADAS DE ACEITE DE OLIVA

+ SAL Y PIMIENTA AL GUSTO

+ SEMILLAS DE LINAZA O AJONJOLÍ
TOSTADO, AL GUSTO

PROCEDIMIENTO

1 Pele y ralle las zanahorias. Pique el cebollín. Mezcle en un frasco con tapa el jugo de limón con la salsa de soya, el aceite de oliva y sal y pimienta al gusto. Ciérrelo y agítelo vigorosamente hasta obtener una vinagreta.

2 Coloque en una ensaladera las zanahorias ralladas, el cebollín picado y el germen de soya; báñelos con la vinagreta y mezcle. Espolvoree la ensalada con semillas de linaza o ajonjolí al gusto y sírvala.

CONSEJO

Para un sabor más intenso,
agregue a la vinagreta
½ cucharadita de jengibre
fresco rallado y un poco
de hojuelas de chile seco.

Tiempo de
preparación: 00:15   Modo y tiempo
de cocción: SIN
COCCIÓN 00:00

Ensalada de betabel confitado
CON SEMILLAS

2 KG DE SAL DE MAR GRUESA

2 BETABELES

200 G DE MEZCLA DE HOJAS VERDES, FRESCAS

ADEMÁS...

+ 30 G DE SEMILLAS DE CALABAZA
O DE GIRASOL, TOSTADAS

+ 4 CUCHARADAS DE ACEITE DE OLIVA

+ SAL Y PIMIENTA AL GUSTO

PROCEDIMIENTO

1 Precaliente el horno a 160 °C. Pele los betabeles.

2 Cubra el fondo de un refractario con una capa de 3 centímetros de altura de sal de mar gruesa. Coloque encima
los betabeles, cúbralos con el resto de la sal y hornéelos
durante 1 hora. Déjelos entibiar y retíreles la sal.

3 Corte los betabeles en cubos o rodajas y combínelos en
una ensaladera con la mezcla de hojas verdes. Espolvoree la ensalada con las semillas tostadas, rocíela con el aceite de oliva y salpimiéntela al gusto. Sirva.

Bourek de pasta filo,
FETA Y ESPINACAS

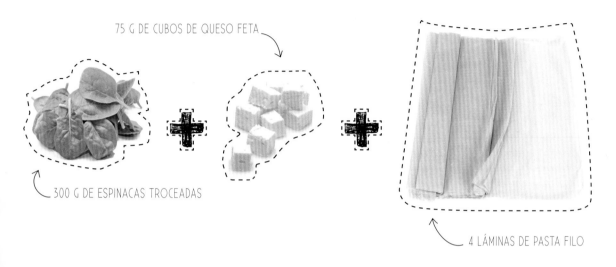

75 G DE CUBOS DE QUESO FETA

300 G DE ESPINACAS TROCEADAS

4 LÁMINAS DE PASTA FILO

ADEMÁS...

+ 10 G DE MANTEQUILLA +
30 G DERRETIDA

+ SAL Y PIMIENTA AL GUSTO

CONSEJO

Si es necesario, utilice más mantequilla derretida para barnizar los cuadros de masa; de esta forma obtendrá unos *bourek* muy crujientes.

PROCEDIMIENTO

1 Precaliente el horno a 180 °C. Cubra una charola para hornear con papel siliconado.

2 Ponga sobre el fuego un sartén con los 10 gramos de mantequilla; cuando se derrita, saltee en ella las espinacas durante 2 minutos. Retírelas del fuego y salpiméntelas al gusto.

3 Corte de cada lámina de pasta filo entre 6 y 8 cuadros de 10 centímetros por lado.

4 Barnice con mantequilla derretida 1 cuadro de pasta filo por una de sus caras, colóquele otro cuadro encima y barnícelo también; repita esta operación hasta que haya apilado 6 u 8 cuadros. Haga lo mismo con el resto de los cuadros de pasta.

5 Distribuya al centro de cada torre de cuadros las espinacas y los cubos de queso feta y salpimiente al gusto. Doble las 4 orillas de cada torre hacia el centro de sí mismas y colóquelas sobre la charola. Hornee los *bourek* durante 10 minutos o hasta que se doren. Sírvalos calientes.

Dip de tofu
CON CASTAÑAS Y NUECES

35 G DE NUECES DE CASTILLA

100 G DE TOFU SUAVE

200 G DE CASTAÑAS EN CONSERVA

ADEMÁS...

+ 1 CHALOTA PICADA

+ 3 CUCHARADAS DE CREMA ÁCIDA O DE CREMA DE ALMENDRA (VER PÁG. 102)

+ 2 CUCHARADAS DE ACEITE DE OLIVA

+ SAL Y PIMIENTA AL GUSTO

PROCEDIMIENTO

1 Drene las castañas y muélalas en un procesador de alimentos con las nueces, el tofu, la chalota, la crema ácida o de almendra y el aceite de oliva hasta obtener una consistencia grumosa. Salpimiente al gusto y continúe moliendo hasta obtener una pasta homogénea, encendiendo y apagando el procesador de manera intermitente.

2 Conserve el dip en refrigeración hasta el momento de servirlo. Acompáñelo con el pan de su preferencia.

CONSEJO

Puede agregar o disminuir la cantidad de aceite de oliva o de crema dependiendo de la consistencia que desee obtener.

Tofu sellado con ajonjolí
Y CEBOLLA CAMBRAY

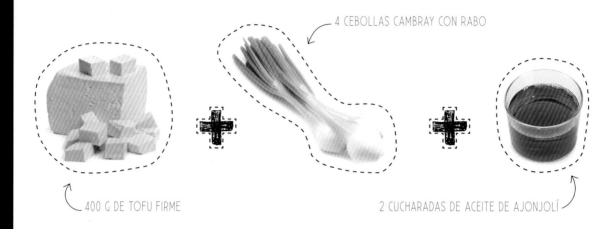

4 CEBOLLAS CAMBRAY CON RABO

400 G DE TOFU FIRME

2 CUCHARADAS DE ACEITE DE AJONJOLÍ

ADEMÁS...

+ 2 CUCHARADAS DE ACEITE DE OLIVA
+ EL JUGO DE 1 LIMÓN + CANTIDAD AL GUSTO
+ 2 CUCHARADAS DE AJONJOLÍ TOSTADO
+ SAL Y PIMIENTA AL GUSTO

REPOSO: 00:30

CONSEJO

Deje reposar el tofu con
la marinada durante el mayor
tiempo que sea posible, así su sabor
será mucho más perfumado.

PROCEDIMIENTO

1 Corte el tofu en rebanadas de 1 centímetro de grosor y colóquelas en un refractario; rocíelas con los aceites de ajonjolí y de oliva y con el jugo de limón. Filetee las cebollas cambray y distribúyalas sobre el tofu, espolvoree el ajonjolí tostado y salpimiente al gusto. Deje reposar la preparación en refrigeración durante 30 minutos o hasta el momento de servir.

2 Ponga sobre el fuego un sartén; cuando se caliente, añada las rebanadas de tofu con la marinada y cuézalas durante 3 minutos por cada lado o hasta que se doren ligeramente. Sírvalas acompañadas con limón al gusto.

Tiempo de
preparación: 00:15

Modo y tiempo
de cocción:

SIN
COCCIÓN 00:06

Cuscús
DE VEGETALES

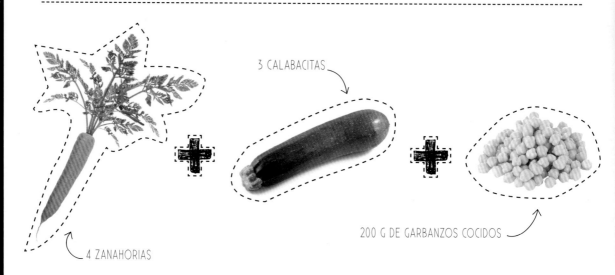

3 CALABACITAS

200 G DE GARBANZOS COCIDOS

4 ZANAHORIAS

ADEMÁS...

+ 1 CUCHARADA DE ACEITE DE OLIVA
+ 1 CEBOLLA PICADA
+ 1 CUCHARADA DE *RAS EL-HANOUT*
+ 1 CUBO DE CALDO DE VERDURAS
+ 1 ½ TAZAS DE CUSCÚS COCIDO
+ SAL Y PIMIENTA AL GUSTO

PROCEDIMIENTO

1 Pele las zanahorias y córtelas en trozos medianos junto con las calabacitas.

2 Ponga sobre el fuego una olla con el aceite de oliva; cuando se caliente, acitrone la cebolla con el *ras el-hanout* durante 2 minutos. Agregue las zanahorias, el cubo de caldo de verduras, sal y pimienta al gusto. Vierta 1.5 litros de agua y deje cocer la preparación durante 20 minutos. Finalmente, añada las calabacitas y continúe la cocción durante 10 minutos más.

3 Agregue los garbanzos a la preparación, baje la intensidad del fuego y cueza durante 5 minutos más. Sirva en platos hondos individuales con el cuscús en un recipiente aparte.

VARIANTE

Prepare este cuscús con otros vegetales, como hinojo, calabaza, camote o nabo.

CONSEJO

Para preparar su propia mezcla de *ras el-hanout*, combine las siguientes especias molidas: 3 cucharaditas de semillas de cilantro, 2 cucharaditas de comino, 2 cucharaditas de cúrcuma, 2 cucharaditas de canela, 1 cucharadita de cardamomo, 1 cucharadita de semillas de hinojo, 1 cucharadita de pimienta, 1 cucharadita de páprika y ½ cucharadita de sal.

Sopa de jitomate
Y AYOCOTES

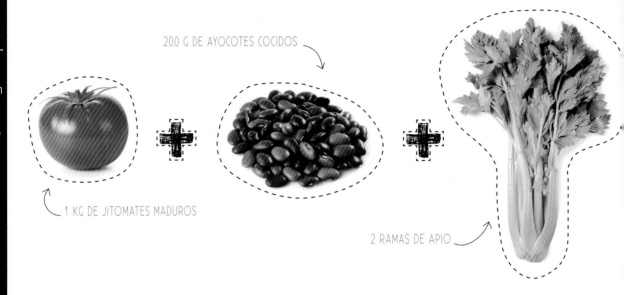

200 G DE AYOCOTES COCIDOS

1 KG DE JITOMATES MADUROS

2 RAMAS DE APIO

ADEMÁS...

+ 2 CUCHARADAS DE ACEITE DE OLIVA

+ 1 CEBOLLA PICADA

+ 125 G DE YOGUR NATURAL SIN AZÚCAR

+ EL JUGO DE 1 LIMÓN

+ 2 PIZCAS DE PIMIENTA DE CAYENA

+ SAL Y PIMIENTA AL GUSTO

PROCEDIMIENTO

1 Corte los jitomates en cuartos y retíreles las semillas. Trocee las ramas de apio.

2 Ponga sobre el fuego una olla con el aceite de oliva; cuando se caliente, acitrone en él la cebolla durante 2 minutos. Agregue el apio, el jitomate y los ayocotes y mézclelos ocasionalmente durante 5 minutos. Cubra los ingredientes con agua y salpimiente al gusto; deje cocer la sopa durante 35 minutos.

3 Mezcle el yogur con el jugo de limón y la pimienta de Cayena. Sirva la sopa acompañada con la mezcla de yogur.

Chili
VEGETARIANO

2 PIMIENTOS MORRONES

+

+

750 G DE JITOMATES MADUROS

450 G DE AYOCOTES COCIDOS

ADEMÁS...

+ 4 CUCHARADAS DE ACEITE DE OLIVA
+ 1 CEBOLLA PICADA
+ 1 DIENTE DE AJO PICADO
+ 1 CUCHARADA DE MEZCLA DE ESPECIAS
  PARA CHILI
+ 1 PIZCA DE PIMIENTA DE CAYENA
+ SAL Y PIMIENTA AL GUSTO

PROCEDIMIENTO

1 Corte los jitomates en cuartos y retíreles las semillas. Retire el rabo de los pimientos, así como las semillas y las venas; córtelos en tiras delgadas.

2 Ponga sobre el fuego una olla con el aceite de oliva; cuando se caliente, sofría en él la cebolla y el ajo con la mezcla de especias para chili y la pimienta de Cayena durante 2 minutos. Añada las tiras de pimiento, baje el fuego a medio y continúe la cocción mezclando ocasionalmente durante 5 minutos. Agregue los jitomates y 1 taza de agua; deje cocer la preparación durante 20 minutos más.

3 Agregue los ayocotes, sal y pimienta al gusto y continúe la cocción, mezclando ocasionalmente, durante 35 minutos. Sirva caliente.

CONSEJO

Para preparar su propia mezcla de especias para chili, mezcle en un recipiente 4 cucharaditas de chile piquín en polvo, 1 cucharada de hojuelas de chile seco, 1 cucharada de ajo en polvo, 2 cucharaditas de comino en polvo, 2 cucharaditas de perejil seco triturado, 2 cucharaditas de azúcar, 2 cucharaditas de sal, 1 cucharadita de albahaca seca triturada y ¼ de cucharadita de pimienta negra molida.

Quiche de tofu,
ZANAHORIAS Y SEMILLAS

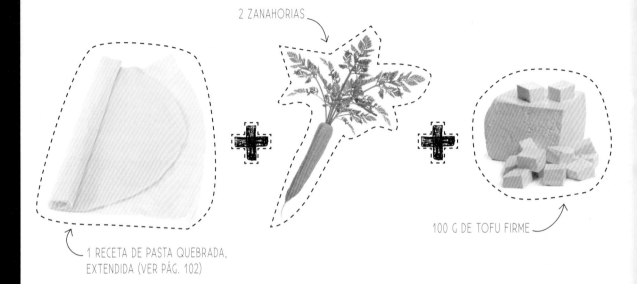

2 ZANAHORIAS

1 RECETA DE PASTA QUEBRADA, EXTENDIDA (VER PÁG. 102)

100 G DE TOFU FIRME

ADEMÁS...

+ 3 HUEVOS

+ 350 ML DE LECHE DE ALMENDRA

+ 2 CUCHARADAS DE MEZCLA DE SEMILLAS (CALABAZA, GIRASOL, AJONJOLÍ, ETC.)

+ 1 CUCHARADA DE AVENA

+ SAL Y PIMIENTA AL GUSTO

CONSEJO

Puede utilizar las zanahorias ralladas, en este caso no será necesario blanquearlas en el agua. Si desea que la quiche tenga una consistencia más cremosa, sustituya 50 mililitros de leche por 2 cucharadas de crema para batir.

PROCEDIMIENTO

1 Precaliente el horno a 180 °C. Forre con la pasta quebrada un molde cuadrado antiadherente para tarta de 20 centímetros; pique la base con un tenedor.

2 Pele las zanahorias y córtelas en tiras largas y delgadas. Cuézalas durante 1 minuto en una olla con agua hirviendo. Escúrralas y resérvalas.

3 Corte el tofu en cubos y distribúyalos en la base del molde. Bata en un tazón los huevos con la leche, sal y pimienta al gusto; vierta esta mezcla sobre los cubos de tofu. Agregue las tiras de zanahoria formando espirales con ellas, y espolvoree las semillas y la avena.

4 Hornee la quiche durante 1 hora y sírvala caliente.

Tiempo de
preparación: 00:15

Modo y tiempo
de cocción:

SIN
COCCIÓN 00:25

Soya texturizada con
PAK CHOY Y TÉ LIMÓN

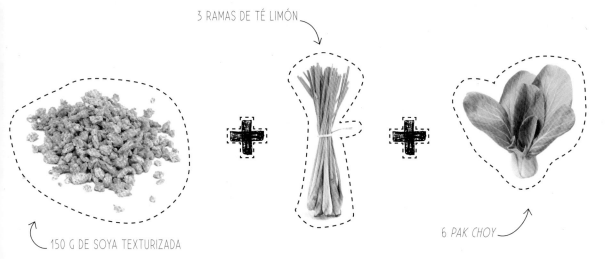

3 RAMAS DE TÉ LIMÓN

150 G DE SOYA TEXTURIZADA

6 PAK CHOY

ADEMÁS...

+ 1 CEBOLLA PICADA
+ 1 DIENTE DE AJO PICADO
+ 1 PIZCA DE CHILE PIQUÍN EN POLVO
+ 2 CUCHARADAS DE ACEITE DE OLIVA
+ 1 CUCHARADA DE SALSA DE SOYA
+ SAL Y PIMIENTA AL GUSTO

PROCEDIMIENTO

1 Ponga sobre el fuego una olla con suficiente agua y un poco de sal; cuando hierva, agregue la soya texturizada y cocínela durante 15 minutos. Escúrrala y enfríela bajo el chorro de agua fría.

2 Pique finamente las ramas de té limón y desprenda las hojas de los *pak choys*.

3 Mezcle en un tazón la soya cocida con la cebolla, el ajo, el té limón, el chile piquín y el aceite de oliva.

4 Ponga sobre el fuego un sartén; cuando se caliente, aña-da la mezcla de soya y saltéela durante 3 minutos o has-ta que se dore ligeramente. Agregue las hojas de *pak choy* y continúe la cocción durante 5 minutos más. Retire la prepa-ración del fuego e incorpórele la salsa de soya y pimienta al gusto. Sirva.

CONSEJO

Para un sabor más intenso, agregue a la mezcla de soya 1 cucharadita de jengibre fresco rallado. Si lo desea, agregue ajonjolí tostado al momento de servir.

Tortitas de vegetales
Y AYOCOTES

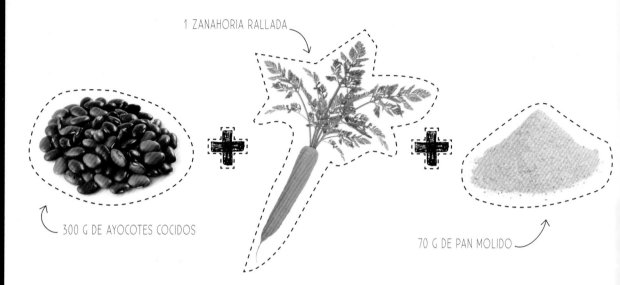

1 ZANAHORIA RALLADA

300 G DE AYOCOTES COCIDOS

70 G DE PAN MOLIDO

ADEMÁS...

+ 1 CUCHARADA DE CURRY EN POLVO

+ 1 CEBOLLA PICADA

+ 1 HUEVO

+ ACEITE DE OLIVA AL GUSTO

+ SAL Y PIMIENTA AL GUSTO

PROCEDIMIENTO

1 Coloque en un tazón los ayocotes con el curry en polvo y presiónelos con un machacador de frijoles hasta obtener una pasta grumosa. Añada la zanahoria rallada, la cebolla picada, el huevo, el pan molido, sal y pimienta al gusto; mezcle bien. Forme 4 tortitas con la mezcla.

2 Ponga sobre el fuego un sartén antiadherente con un poco de aceite de oliva; cuando se caliente, fría en él las tortitas durante 3 minutos por ambos lados o hasta que se doren. Sírvalas calientes acompañadas con la ensalada de su preferencia.

CONSEJO

Agregue a la mezcla hierbas frescas picadas de su elección, como cilantro, perejil o albahaca.

Tiempo de
preparación: 00:15   Modo y tiempo
de cocción: Sin
                                                 cocción   00:06

Arroz con brócoli
Y ALMENDRAS

400 G DE ARROZ BASMATI

1 BRÓCOLI CORTADO
EN FLORETES

6 CUCHARADAS DE ALMENDRAS FILETEADAS

ADEMÁS...

+ 4 CUCHARADAS DE ACEITE DE OLIVA

+ 1 CEBOLLA PICADA

+ 2 CUCHARADITAS DE GARAM MASALA

+ 2 DIENTES DE AJO PICADOS

+ 1 CUCHARADITA DE COMINOS

+ SAL Y PIMIENTA AL GUSTO

CONSEJO

*Para un sabor más perfumado,
añada 6 semillas de cardamomo
junto con el comino.*

PROCEDIMIENTO

1 Hierva en una olla suficiente agua con 1 pizca de sal, agregue los floretes de brócoli y cuézalos durante 5 minutos. Escúrralos y enfríelos bajo el chorro de agua fría.

2 Ponga sobre el fuego un sartén con 2 cucharadas de aceite de oliva; cuando se caliente, sofría la cebolla con el garam masala durante 2 minutos. Agregue el arroz y dórelo durante 2 minutos moviéndolo ocasionalmente; posteriormente, vierta agua hasta que sobrepase 1 centímetro la superficie del arroz; mezcle bien. Baje el fuego, tape el sartén y deje cocer el arroz durante 10 minutos. Retire el sartén del fuego, separe los granos de arroz con un tenedor y resérvelo.

3 Ponga sobre el fuego una olla con el resto del aceite; cuando se caliente, sofría el ajo picado con los cominos durante algunos segundos, añada los floretes de brócoli y mezcle bien. Vierta 100 mililitros de agua y continúe la cocción durante 10 minutos más mezclando frecuentemente.

4 Añada a la olla el arroz y las almendras fileteadas; mezcle bien y salpimiente al gusto. Sirva caliente.

Arroz frito
CON HUEVO Y CHÍCHAROS

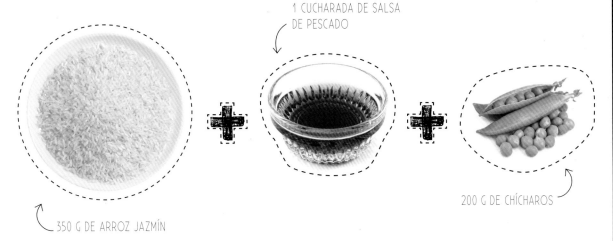

1 CUCHARADA DE SALSA DE PESCADO

350 G DE ARROZ JAZMÍN

200 G DE CHÍCHAROS

ADEMÁS...

+ 2 CUCHARADAS DE ACEITE

+ 1 DIENTE DE AJO PICADO

+ 2 HUEVOS

+ 2 CUCHARADAS DE SALSA DE SOYA

+ 1 CUCHARADITA DE AZÚCAR MASCABADO

+ CHILE PIQUÍN EN POLVO, AL GUSTO

PROCEDIMIENTO

1 Hierva en una olla 3 tazas de agua, agregue el arroz y cuézalo durante 10 minutos. Escúrralo y resérvelo.

2 Ponga sobre el fuego un wok o un sartén con el aceite; cuando se caliente, sofría el ajo picado durante algunos segundos hasta que suelte su aroma. Retírelo y resérvelo.

3 Agregue al mismo wok o sartén el arroz cocido y saltéelo durante un par de minutos. Añada los huevos y cuézalos durante 2 minutos mezclando constantemente. Finalmente, incorpore los chícharos, las salsas de pescado y de soya y el azúcar mascabado; deje cocer la preparación durante 3 minutos, mezclándola ocasionalmente. Espolvoree chile piquín al gusto y sirva.

Platillos a base de arroz y otros cereales

Ensalada de bulgur, arúgula
Y JITOMATE DESHIDRATADO

400 G DE BULGUR O TRIGO QUEBRADO

100 G DE JITOMATES DESHIDRATADOS

1 TAZA DE HOJAS DE ARÚGULA

ADEMÁS...

+ 2 CUCHARADAS DE ACEITE DE OLIVA
+ 1 CEBOLLA PICADA
+ 35 G DE PIÑONES
+ 1 CUBO DE CALDO DE VERDURAS, DESMORONADO
+ SAL Y PIMIENTA AL GUSTO

PROCEDIMIENTO

1 Corte los jitomates deshidratados en trozos pequeños.

2 Ponga sobre el fuego un sartén con el aceite de oliva; cuando se caliente, saltee la cebolla picada con los piñones durante un par de minutos. Agregue los jitomates deshidratados y el bulgur o trigo quebrado y mezcle bien. Vierta 350 mililitros de agua, el cubo de caldo desmoronado, sal y pimienta al gusto. Baje el fuego a media intensidad y deje cocer la preparación entre 10 y 12 minutos o hasta que el bulgur haya absorbido toda el agua. Suba la intensidad del fuego y continúe la cocción durante 1 minuto más.

3 Sirva caliente y acompañe con las hojas de arúgula.

Calabaza con trigo sarraceno
Y QUESO MOZZARELLA

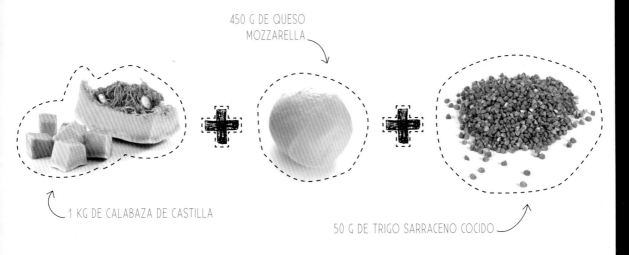

450 G DE QUESO MOZZARELLA

1 KG DE CALABAZA DE CASTILLA

50 G DE TRIGO SARRACENO COCIDO

ADEMÁS...

+ 1 CUCHARADA DE ACEITE DE OLIVA + CANTIDAD SUFICIENTE PARA ENGRASAR

+ SAL Y PIMIENTA AL GUSTO

PROCEDIMIENTO

1 Deshebre el queso mozzarella y resérvelo. Pele la calabaza, retírele las semillas y córtela en trozos.

2 Ponga sobre el fuego un sartén grande con el aceite de oliva; cuando se caliente, saltee en él los trozos de calabaza durante un par de minutos. Salpimiente al gusto, añada 1 taza de agua, tape el sartén y deje cocer la calabaza durante 20 minutos.

3 Precaliente el asador o grill del horno.

4 Escurra los trozos de calabaza y muélalos hasta obtener un puré terso. Extiéndalo en un refractario previamente engrasado y distribúyale encima el queso mozzarella. Salpimiente al gusto y hornee durante 7 minutos. Saque el refractario del horno y distribuya el trigo sarraceno sobre la preparación; hornéela durante 3 minutos más y sírvala.

CONSEJO

Puede sustituir el trigo sarraceno con el cereal de su preferencia: trigo, arroz, quinoa, etcétera.

Platillos a base de arroz y otros cereales

Calabacitas rellenas
CON QUINOA Y NUECES

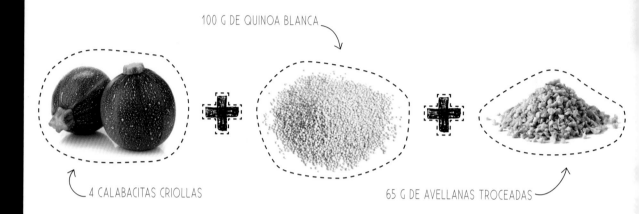

100 G DE QUINOA BLANCA

4 CALABACITAS CRIOLLAS

65 G DE AVELLANAS TROCEADAS

ADEMÁS...

+ 3 CUCHARADAS DE ACEITE DE OLIVA

+ SAL Y PIMIENTA AL GUSTO

PROCEDIMIENTO

1 Ponga sobre el fuego una olla con agua y un poco de sal; cuando hierva, agregue las calabacitas y cuézalas durante 10 minutos. Escúralas y enfríelas bajo el chorro de agua fría.

2 Coloque en una cacerola la quinoa con 200 mililitros de agua y un poco de sal, póngala sobre el fuego y, cuando el agua hierva, baje el fuego y deje cocer la quinoa durante 10 minutos o hasta que reviente. Escúrrala y resérvela.

3 Precaliente el horno a 180 °C.

4 Corte horizontalmente la parte superior de las calabacitas; retíreles la pulpa con una cuchara dejando una pared interna de ½ centímetro de grosor. Pique la pulpa y mézclala en un tazón con la quinoa y las avellanas; salpimiente al gusto. Rellene las calabacitas con esta mezcla.

5 Ponga las calabacitas rellenas en un refractario, rocíelas con el aceite de oliva, espolvoréelas con un poco de sal y pimienta y hornéelas durante 5 minutos. Sírvalas calientes.

Croquetas de calabacita
Y SARRACENO

50 G DE HARINA DE TRIGO SARRACENO

3 CALABACITAS

50 G DE PAN MOLIDO

ADEMÁS...

+ 1 CEBOLLA PICADA

+ 1 HUEVO

+ HARINA DE TRIGO PARA ENHARINAR

+ ACEITE PARA FREÍR

+ SAL Y PIMIENTA AL GUSTO

PROCEDIMIENTO

1 Ralle las calabacitas y mézclelas en un tazón con la cebolla picada, la harina de trigo sarraceno, el pan molido y el huevo. Añada sal y pimienta al gusto y mezcle bien hasta obtener una preparación homogénea.

2 Forme con la mezcla croquetas de 5 centímetros de largo; enharínelas y sacúdales el exceso.

3 Ponga sobre el fuego una olla con suficiente aceite para freír; cuando esté caliente, fría por tandas las croquetas durante 3 minutos por cada lado o hasta que estén ligeramente doradas. Sáquelas del aceite y déjelas reposar sobre papel absorbente mientras fríe las tandas siguientes. Sírvalas calientes.

CONSEJO

Acompañe estas croquetas con una ensalada de verduras ralladas aderezadas con una vinagreta de limón; o bien, sírvalas con espinacas salteadas espolvoreadas con ajonjolí tostado.

Puede sustituir la harina de trigo sarraceno por cualquier otra harina.

Risotto
DE CALABAZA

400 G DE CALABAZA DE CASTILLA

400 G DE ARROZ ARBORIO

100 ML DE VINO BLANCO SECO

ADEMÁS...

+ 3 CUCHARADAS DE ACEITE DE OLIVA
+ 1 CEBOLLA PICADA
+ 1 L DE CALDO DE VERDURAS TIBIO
+ SAL Y PIMIENTA AL GUSTO

PROCEDIMIENTO

1 Pele la calabaza, retírele la fibra y las semillas y córtela en cubos pequeños. Resérvelos.

2 Ponga sobre el fuego una olla de fondo grueso con 2 cucharadas de aceite de oliva; cuando se caliente, baje la intensidad del fuego y sofría la cebolla hasta que esté suave. Agregue el arroz y cocínelo durante 2 minutos moviéndolo frecuentemente. Añada el vino blanco, sal y pimienta al gusto y deje cocer, mezclando ocasionalmente, hasta que el arroz haya absorbido todo el vino.

3 Vierta 1 cucharón del caldo de verduras, mezcle y deje que el arroz absorba el caldo; repita la operación hasta terminar con todo el caldo agregando a la mitad del proceso los cubos de calabaza.

4 Retire la olla del fuego e incorpore al arroz el aceite de oliva restante. Sirva.

CONSEJO

Para un platillo con más sabor, agregue al arroz algunas hojas de salvia durante la cocción y sírvalo con queso parmesano rallado.

Sopa de fideo soba
Y KALE

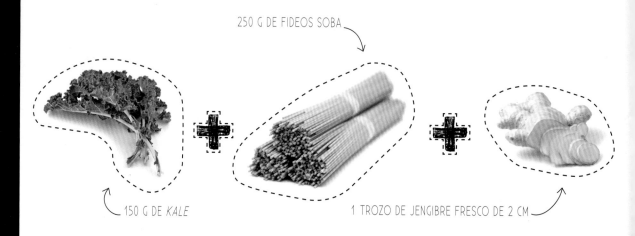

250 G DE FIDEOS SOBA

150 G DE *KALE*

1 TROZO DE JENGIBRE FRESCO DE 2 CM

ADEMÁS...

+ 2 CUCHARADAS DE ACEITE DE OLIVA

+ 1 CEBOLLA FILETEADA

+ 1 PIZCA DE CHILE PIQUÍN EN POLVO

+ 1 CUBO DE CALDO DE VERDURAS

+ SAL Y PIMIENTA AL GUSTO

PROCEDIMIENTO

1 Retire los tallos gruesos del *kale* y trocee las hojas. Ralle el jengibre.

2 Ponga sobre el fuego una olla de fondo grueso con 2 cucharadas de aceite de oliva; cuando se caliente, acitrone en él la cebolla, el jengibre y el chile piquín hasta que la cebolla esté muy suave. Vierta 2 litros de agua y el cubo de caldo de verduras, baje la intensidad del fuego y deje cocer la preparación durante 15 minutos.

3 Cueza los fideos soba durante 5 minutos en una olla con agua hirviendo y un poco de sal. Escúrralos y agréguelos a la olla con el caldo. Continúe la cocción durante 10 minutos más y añada sal y pimienta al gusto. Sirva.

Tiempo de preparación: 00:10

Modo y tiempo de cocción: SIN COCCIÓN 00:30

Lasaña de berenjena
Y QUESO MOZZARELLA

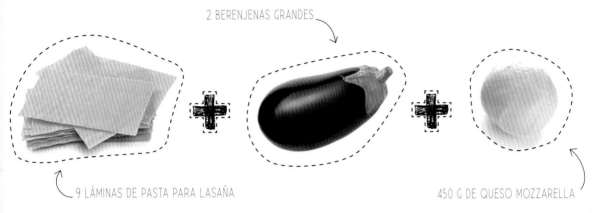

2 BERENJENAS GRANDES

9 LÁMINAS DE PASTA PARA LASAÑA

450 G DE QUESO MOZZARELLA

ADEMÁS...

+ 2 CUCHARADAS DE ACEITE DE OLIVA +
  CANTIDAD SUFICIENTE PARA ENGRASAR
+ 30 G DE PIÑONES
+ 150 ML DE CREMA PARA BATIR
+ SAL Y PIMIENTA AL GUSTO

CONSEJO

Si utiliza láminas de pasta fresca,
omita el paso de sumergirlas
en agua caliente.

PROCEDIMIENTO

1 Precaliente el horno a 180 °C. Sumerja durante 5 minutos las láminas de pasta en un tazón con agua hirviendo y un poco de sal; escúrralas y resérvelas.

2 Deshebre el queso mozzarella y resérvelo.

3 Corte las berenjenas en rodajas. Ponga sobre el fuego un sartén con el aceite de oliva; cuando se caliente, fría en él las rodajas de berenjena por ambos lados durante 5 minutos.

4 Engrase un refractario con un poco de aceite y cubra su base con 3 láminas de pasta. Distribuya encima las rodajas de berenjena y el queso mozzarella y cubra con 3 láminas de pasta. Repita este paso una vez más para obtener tres capas.

5 Espolvoree la lasaña con los piñones, báñela con la crema para batir y salpimiente al gusto. Hornéela durante 30 minutos y sírvala.

Gratín de poro
CON RAVIOLES

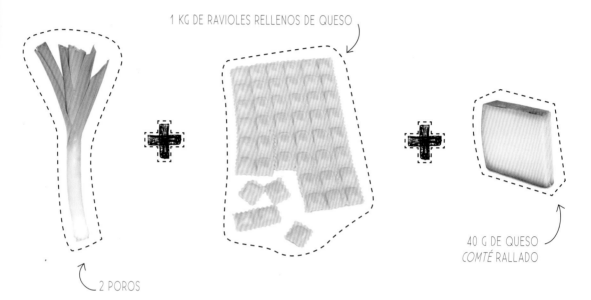

1 KG DE RAVIOLES RELLENOS DE QUESO

40 G DE QUESO
COMTÉ RALLADO

2 POROS

ADEMÁS...

+ ACEITE PARA ENGRASAR

+ NUEZ MOSCADA RALLADA, AL GUSTO

+ 300 ML DE CREMA PARA BATIR

+ SAL Y PIMIENTA AL GUSTO

PROCEDIMIENTO

1 Precaliente el horno a 180 °C. Corte la parte blanca de los poros en rodajas delgadas y hiérvalas en agua durante 3 minutos. Escúrralas y resérvelas.

2 Engrase ligeramente un refractario y cubra el fondo con la mitad de los ravioles, sin encimarlos. Distribuya encima las rodajas de poro y sazone con sal, pimienta y nuez moscada al gusto; bañe todo con ¾ partes de la crema para batir y cubra con el resto de los ravioles.

3 Mezcle el resto de la crema con el queso *comté* rallado y extienda la mezcla sobre los ravioles. Hornéelos durante 15 minutos o hasta que la superficie se dore. Sirva.

CONSEJO

Puede sustituir el queso *comté* caliente por la misma cantidad de queso parmesano o queso de oveja madurado.

Ensalada de pasta integral
CON ARÚGULA Y CHÍCHAROS

200 G DE CHÍCHAROS

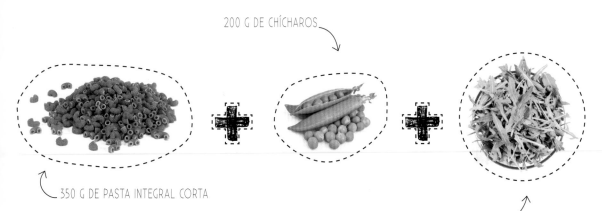

350 G DE PASTA INTEGRAL CORTA

1 TAZA DE HOJAS DE ARÚGULA *BABY*

ADEMÁS...

+ 1 CEBOLLA MORADA PICADA
+ 1 CUCHARADA ACEITE DE OLIVA
+ 125 G DE YOGUR NATURAL SIN AZÚCAR
+ EL JUGO DE 1 LIMÓN
+ SAL Y PIMIENTA AL GUSTO

PROCEDIMIENTO

1 Ponga sobre el fuego un olla con suficiente agua y un poco de sal; cuando hierva, agregue los chícharos y cuézalos durante 10 minutos. Escúrralos, reserve el agua cocción, y enfríelos bajo el chorro de agua fría.

2 Ponga a hervir nuevamente el agua de cocción de los chícharos, añada la pasta y cuézala al dente siguiendo las instrucciones del empaque. Escúrrala y enfríela bajo el chorro de agua fría.

3 Trocee las hojas de arúgula y colóquelas en un tazón junto con los chícharos, la pasta y la cebolla. Añada el aceite de oliva, mezcle bien y salpimiente al gusto.

4 Mezcle el yogur natural con el jugo de limón, sal y pimienta al gusto. Sirva la ensalada acompañada del aderezo de yogur.

Parpadelle con berenjena
Y MENTA

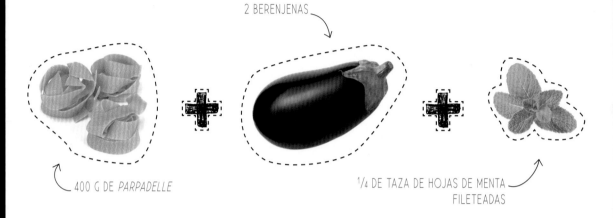

2 BERENJENAS

400 G DE *PARPADELLE*

¹/₄ DE TAZA DE HOJAS DE MENTA
FILETEADAS

ADEMÁS...

+ 4 CUCHARADAS DE ACEITE DE OLIVA
+ 1 PIZCA DE CHILE PIQUÍN EN POLVO
+ SAL Y PIMIENTA AL GUSTO

PROCEDIMIENTO

1 Corte las berenjenas en rebanadas gruesas y después, en trozos. Ponga sobre el fuego un sartén con 3 cucharadas de aceite de oliva; cuando se caliente, saltee en él los trozos de berenjena durante 3 minutos. Salpimiente al gusto y agregue el chile en polvo. Retire la preparación del fuego y resérvela.

2 Ponga sobre el fuego suficiente agua con un poco de sal; cuando hierva, agregue los *parpadelle* y cuézalos al dente siguiendo las instrucciones del empaque. Escúrralos.

3 Coloque la pasta en un tazón y mézclela con el aceite de oliva restante y la menta fileteada. Añada la preparación de berenjena, rectifique la cantidad de sal y de pimienta, mezcle bien y sirva.

CONSEJO

Puede acompañar la pasta
con un poco de crema y nueces
o piñones tostados.

Lingüini con espárragos
Y CREMA DE AVELLANAS

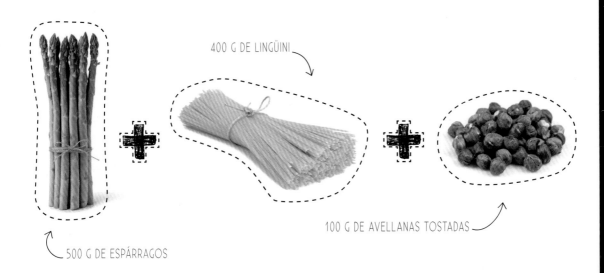

400 G DE LINGÜINI

100 G DE AVELLANAS TOSTADAS

500 G DE ESPÁRRAGOS

ADEMÁS...

+ 1 CUCHARADITA DE ACEITE +
  CANTIDAD SUFICIENTE

+ 4 CUCHARADAS DE CREMA PARA BATIR

+ 1 CUCHARADA DE ACEITE DE OLIVA

+ LA RALLADURA DE 1 LIMÓN AMARILLO

+ SAL Y PIMIENTA AL GUSTO

PROCEDIMIENTO

1 Pele las avellanas y muélelas en un procesador de alimentos con 1 cucharada de aceite hasta obtener una pasta homogénea y tersa; agregue un poco más de aceite si es necesario.

2 Corte los espárragos en trozos pequeños. Hierva en una olla suficiente agua con un poco de sal, agregue los espárragos y cocínelos durante 10 minutos. Escúrralos, reserve el líquido de cocción, y enfríelos bajo el chorro de agua fría. Resérvelos.

3 Hierva nuevamente el agua de cocción de los espárragos, agréguele el lingüini y cuézalo al dente siguiendo las instrucciones del empaque. Escúrralo y colóquelo en un tazón; báñelo con el aceite de oliva y mézclelo con los espárragos, sal y pimienta al gusto.

4 Ponga sobre el fuego una cacerola con la crema para batir, 1 cucharada de la pasta de avellanas y 3 cucharadas de agua; mezcle constantemente hasta que la salsa se caliente. Vierta la salsa sobre la pasta con los espárragos. Sirva y decore con la ralladura de limón.

NOTA

Guarde para posteriores usos la pasta de avellanas en un recipiente hermético y en un lugar fresco y seco. Se conservará bien durante 1 semana. Puede sustituirla por cualquier crema de frutos secos (ver pág. 102).

Ensalada de pasta
CON KALE Y TOFU

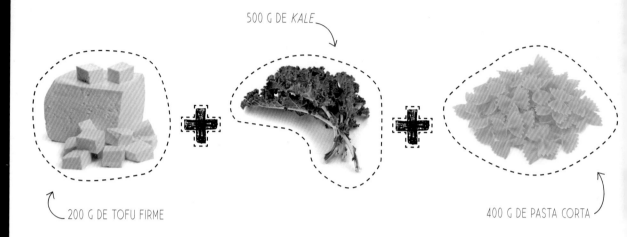

500 G DE *KALE*

200 G DE TOFU FIRME

400 G DE PASTA CORTA

ADEMÁS...

+ 3 CUCHARADAS DE ACEITE DE OLIVA

+ LA RALLADURA Y EL JUGO DE 1 LIMÓN

+ SAL Y PIMIENTA AL GUSTO

PROCEDIMIENTO

1 Corte el tofu en cubos y mézclelos en un tazón con 2 cucharadas de aceite de oliva, el jugo y la ralladura de limón y sal y pimienta al gusto. Cubra el tazón con plástico autoadherente y refrigérelo.

2 Ponga sobre el fuego una olla con suficiente agua y un poco de sal; cuando hierva, agregue la pasta y cuézala al dente siguiendo las instrucciones del empaque.

3 Mientras la pasta se cuece, retire los tallos gruesos del *kale* y trocee las hojas. Ponga sobre el fuego un sartén con el aceite de oliva restante; cuando se caliente, saltee en él las hojas de *kale* durante 8 minutos.

4 Escurra la pasta y agréguela al sartén con las hojas de *kale*; mezcle bien y retire del fuego.

5 Ponga sobre el fuego un sartén antiadherente, añada los cubos de tofu y áselos entre 3 y 4 minutos o hasta que se doren. Incorpórelos a la pasta con *kale*, báñela con la marinada del tofu y salpimiente al gusto. Sirva la ensalada tibia o fría.

CONSEJO

Para un platillo más nutritivo utilice una pasta integral.

Pizza de champiñones
Y PROVOLONE

250 G DE QUESO PROVOLONE AHUMADO

+

+

350 G DE CHAMPIÑONES

500 G DE MASA PARA PIZZA
(VER PÁG. 102)

ADEMÁS...

+ HARINA DE TRIGO PARA ENHARINAR
+ 1 CUCHARADA DE ACEITE DE OLIVA
+ 2 CUCHARADAS DE CREMA
+ SAL Y PIMIENTA AL GUSTO

CONSEJO

Puede sustituir el queso provolone
por la misma cantidad de queso provoleta
o queso mozzarella seco.

PROCEDIMIENTO

1 Precaliente el horno a 250 °C. Divida la masa para pizza en dos porciones iguales y deles forma de esfera. Enharine una mesa de trabajo y extienda ambas porciones por separado hasta obtener discos de ½ centímetro de grosor. Colóquelos sobre charolas antiadherentes para hornear.

2 Corte el queso en rodajas y filetee los champiñones.

3 Ponga sobre el fuego un sartén con el aceite de oliva; cuando se caliente, saltee en él los champiñones durante 5 minutos. Resérvelos.

4 Unte la crema sobre los discos de masa hasta cubrir toda su superficie. Distribuya encima las rodajas de queso y los champiñones y salpimiente al gusto. Hornee las pizzas entre 5 y 10 minutos o hasta que estén doradas. Sáquelas del horno, córtelas en porciones y sírvalas.

Tarta de berenjenas
Y PIÑONES

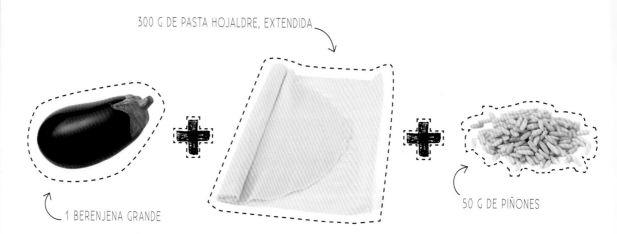

300 G DE PASTA HOJALDRE, EXTENDIDA

1 BERENJENA GRANDE

50 G DE PIÑONES

ADEMÁS...

+ 5 CUCHARADAS DE ACEITE DE OLIVA

+ 2 CUCHARADAS DE AZÚCAR MASCABADO

+ SAL Y PIMIENTA AL GUSTO

PROCEDIMIENTO

1 Precaliente el horno a 180 °C. Engrase con un poco del aceite de oliva un molde para tarta de 22 centímetros de diámetro, espolvoree el azúcar mascabado en la base, así como los piñones.

2 Corte la berenjena en rodajas. Ponga sobre el fuego un sartén con el resto del aceite; cuando se caliente, cocine en él las rodajas de berenjena por ambos lados durante 5 minutos o hasta que estén doradas. Salpimiéntelas al gusto.

3 Acomode las rodajas de berenjena sobre el molde; cúbralas con la pasta hojaldre e introduzca las orillas de la masa dentro del molde. Pique la masa con un tenedor y hornéela durante 30 minutos.

4 Deje enfriar ligeramente la trata sobre una rejilla. Despegue del molde las orillas de la masa pasando un cuchillo entre la masa y el molde, desmolde la tarta y sírvala.

Pan tostado con aguacate, requesón
Y SEMILLAS DE GIRASOL

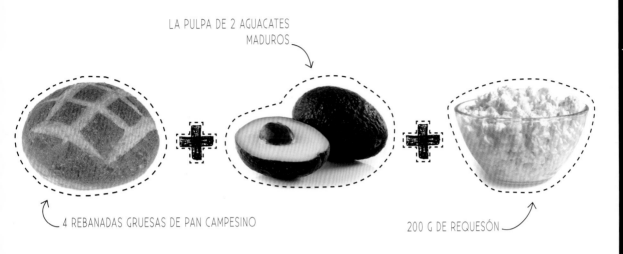

LA PULPA DE 2 AGUACATES MADUROS

4 REBANADAS GRUESAS DE PAN CAMPESINO

200 G DE REQUESÓN

ADEMÁS...

+ 2 CUCHARADAS DE ACEITE DE OLIVA

+ EL JUGO DE 1 LIMÓN

+ 40 G DE SEMILLAS DE GIRASOL TOSTADAS

+ SAL Y PIMIENTA AL GUSTO

PROCEDIMIENTO

1 Precaliente el asador o grill del horno.

2 Coloque las rebanadas de pan en una charola para hornear y rocíelas con la mitad del aceite de oliva. Hornéelas durante algunos minutos hasta que se doren ligeramente.

3 Mientras los panes se tuestan, coloque en un tazón la pulpa de los aguacates, el aceite de oliva restante, el jugo de limón y sal y pimienta al gusto; machaque todo con un tenedor y mezcle hasta obtener un guacamole cremoso.

4 Saque las rebanadas de pan tostado del horno, úntelas con el requesón, distribuya encima el guacamole y espolvoree las semillas de girasol. Salpimiente al gusto y sirva.

Pan tostado con higos
Y QUESO DE OVEJA

4 REBANADAS DELGADAS DE QUESO
DE OVEJA MADURADO

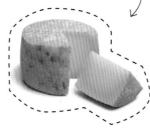

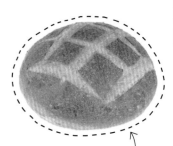

3 HIGOS

4 REBANADAS GRUESAS
DE PAN CAMPESINO

ADEMÁS...

+ 1 CUCHARADA DE SEMILLAS DE LINAZA
(OPCIONAL)

+ 1 PIZCA DE PÁPRIKA

+ SAL Y PIMIENTA AL GUSTO

PROCEDIMIENTO

1 Precaliente el asador o grill del horno. Corte los higos en rodajas delgadas.

2 Coloque las rebanadas de pan en una charola para hornear, distribúyales encima las rodajas de higo, salpimiente al gusto, cubra con las rebanadas de queso y espolvoree las semillas de linaza. Hornee los panes durante 5 minutos hasta que el queso se derrita.

3 Retire los panes del horno y espolvoréelos con la páprika antes de servirlos.

Tortitas de zanahoria
CON AVENA

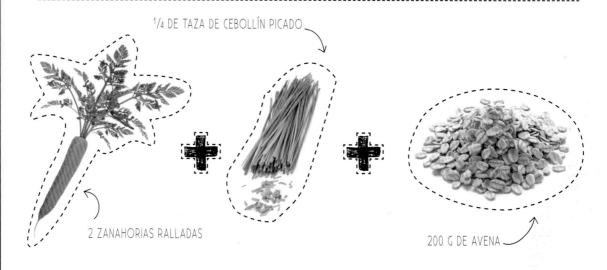

¹/₄ DE TAZA DE CEBOLLÍN PICADO

2 ZANAHORIAS RALLADAS

200 G DE AVENA

ADEMÁS...

+ 250 ML DE CALDO DE VERDURAS
  CALIENTE

+ 2 HUEVOS BATIDOS

+ LA RALLADURA DE 1 LIMÓN

+ 2 CUCHARADITAS DE ACEITE
  DE OLIVA + CANTIDAD AL GUSTO

+ SAL Y PIMIENTA AL GUSTO

REPOSO: 00:10

PROCEDIMIENTO

1 Hidrate en un tazón la avena con el caldo de verduras caliente durante 10 minutos. Agregue las zanahorias ralladas, los huevos batidos, la ralladura de limón, 1 cucharadita de aceite de oliva, sal y pimienta al gusto. Mezcle con las manos hasta obtener una preparación homogénea.

2 Ponga sobre el fuego un sartén con el aceite restante; cuando se caliente, tome una porción de la mezcla con una cuchara, colóquela en el sartén y aplástela con el dorso de la cuchara. Cueza la tortita por ambos lados durante 2 minutos o hasta que esté dorada. Forme y fría de la misma manera el resto de las tortitas.

3 Sírvalas calientes espolvoreadas con el cebollín y rocíelas con un poco de aceite de oliva.

Calzone de espinacas
Y RICOTTA

300 G DE QUESO RICOTTA

750 G DE HOJAS DE ESPINACA

500 G DE MASA PARA PIZZA
(VER PÁG. 102)

ADEMÁS...

+ 2 CUCHARADAS DE ACEITE DE OLIVA

+ HARINA DE TRIGO PARA ENHARINAR

+ SAL Y PIMIENTA AL GUSTO

VARIANTE

Para un platillo más completo,
rompa un huevo encima de las espinacas
de cada calzone antes de agregar
el queso ricotta y de cerrarlos.

PROCEDIMIENTO

1 Precaliente el horno a 250 °C. Retire el tallo grueso de las espinacas y filetéelas. Ponga sobre el fuego un sartén con el aceite de oliva; cuando se caliente, saltee en él las espinacas durante 3 minutos. Transfiéralas a un plato y resérvelas.

2 Enharine ligeramente una mesa de trabajo. Divida la masa para pizza en 4 porciones iguales y deles forma de esferas. Extienda por separado las porciones de masa hasta obtener discos de ½ centímetro de grosor. Distribuya sobre los discos las espinacas y el queso ricotta y salpimiente al gusto; dóblelos por al mitad sobre sí mismos y enrolle las orillas para cerrarlas.

3 Coloque los *calzones* en una charola antiadherente para hornear y hornéelos durante 10 minutos o hasta que estén bien dorados. Sírvalos calientes.

Paté de lentejas y tofu
CON AVELLANAS

50 G DE AVELLANAS TROCEADAS

100 G DE LENTEJAS

150 G DE TOFU SUAVE

ADEMÁS...

+ 1 CUBO DE CALDO DE VERDURAS

+ 2 CUCHARADAS DE ACEITE DE OLIVA

+ 1 CEBOLLA PICADA

+ 1 DIENTE DE AJO PICADO

+ 1 CUCHARADA DE HOJAS
  DE TOMILLO SECO

+ SAL Y PIMIENTA AL GUSTO

CONSEJO

Disfrute este paté acompañado
con rebanadas de pan campesino
o de *baguette* tostadas; o bien,
con galletas saladas.

PROCEDIMIENTO

1 Ponga en una olla las lentejas con el cubo de caldo de verduras y vierta la cantidad necesaria de agua para cubrir las lentejas. Coloque la olla sobre el fuego; cuando el agua hierva, baje la intensidad del fuego y cueza las lentejas durante 30 minutos.

2 Mientras las lentejas se cuecen, coloque sobre el fuego un sartén con el aceite de oliva; cuando se caliente, sofría la cebolla, el ajo y el tomillo durante 5 minutos. Retire el sartén del fuego.

3 Escurra las lentejas y muélalas en un procesador de alimentos junto con las avellanas troceadas, el tofu y el sofrito de cebolla; deberá obtener una preparación homogénea y con algunos grumos. Salpiméntela al gusto.

4 Transfiera el paté de lentejas a un recipiente de servicio y manténgalo en refrigeración hasta el momento de servirlo.

Pita con camote,
MANGO Y YOGUR

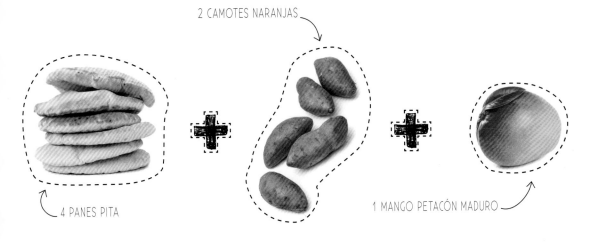

2 CAMOTES NARANJAS

4 PANES PITA

1 MANGO PETACÓN MADURO

ADEMÁS...

+ 2 CUCHARADAS DE ACEITE DE OLIVA

+ 1 DIENTE DE AJO PICADO

+ 1 CUCHARADA DE MEZCLA DE ESPECIAS PARA CHILI (VER PÁG. 51)

+ 125 G DE YOGUR NATURAL SIN AZÚCAR

+ SAL Y PIMIENTA AL GUSTO

PROCEDIMIENTO

1 Precaliente el horno a 180 °C. Pele los camotes y córtelos en cubos.

2 Ponga sobre el fuego un sartén con el aceite de oliva; cuando se caliente, acitrone en él el ajo picado con la mezcla de especias para chili durante 2 minutos. Agregue los cubos de camote y saltéelos durante 5 minutos.

3 Transfiera los cubos de camote con ajo a una charola para hornear cubierta con papel aluminio y hornéelos durante 15 minutos o hasta que estén suaves.

4 Pele el mango y retírele la semilla; corte la pulpa en cubos. Al momento de servir, rocíe los panes pita con un poco de agua y hornéelos hasta que se calienten. Rellene los panes pita con los cubos de camote y de mango y aderécelos con el yogur natural y sal y pimienta al gusto.

Panqué de lentejas y calabaza
CON ESPECIAS

200 G DE CALABAZA DE CASTILLA

180 G DE LENTEJAS

1 CUCHARADA DE MEZCLA DE ESPECIAS
PARA TANDOORI O DE CURRY EN POLVO

ADEMÁS...

+ 2 CUCHARADAS DE ACEITE DE OLIVA +
CANTIDAD SUFICIENTE PARA ENGRASAR

+ 1 CEBOLLA PICADA

+ 4 HUEVOS

+ 70 G DE HARINA DE TRIGO

+ SAL Y PIMIENTA AL GUSTO

CONSEJO

Para preparar su propia mezcla de especias
para tandoori, mezcle en partes iguales
los siguientes ingredientes: jengibre molido,
comino molido, semillas de cilantro molidas,
páprika, cúrcuma en polvo, sal y pimienta
de Cayena.

Puede espolvorear el panqué con avena
antes de hornearlo.

PROCEDIMIENTO

1 Reserve 2 cucharadas de lentejas. Coloque el resto en una olla, cúbralas con agua y añádales un poco de sal; ponga la olla sobre el fuego y cueza las lentejas durante 30 minutos o hasta que estén suaves.

2 Mientras las lentejas se cuecen, retire las semillas y las fibras de la calabaza de Castilla; rállela con un rallador grueso. Ponga sobre el fuego un sartén con el aceite de oliva; cuando se caliente, acitrone en él la cebolla picada con las especias para tandoori o el curry en polvo durante 2 minutos. Agregue la calabaza rallada y cocínela moviéndola constantemente durante 5 minutos.

3 Precaliente el horno a 180 °C. Engrase un molde para panqué de 20 centímetros de largo.

4 Bata en un tazón los huevos con la harina de trigo. Escurra las lentejas y agréguelas a la mezcla de huevo y harina junto con las 2 cucharadas de lentejas crudas que reservó y la calabaza salteada; salpimiente al gusto. Vierta la mezcla en el molde y hornéela durante 45 minutos o hasta que al insertar un palillo en el centro del panqué, éste salga limpio.

Galletas de harina integral
Y NARANJA

150 G DE DE AZÚCAR MASCABADO

175 G DE HARINA INTEGRAL DE TRIGO

125 G DE MANTEQUILLA CON SAL, A TEMPERATURA AMBIENTE

ADEMÁS...

+ 1 CUCHARADITA DE POLVO PARA HORNEAR

+ 1 HUEVO

+ LA RALLADURA 1 NARANJA

+ 50 G DE AVENA O DE SEMILLAS DE SU PREFERENCIA

PROCEDIMIENTO

1 Precaliente el horno a 180 °C. Cubra una charola para hornear con papel siliconado.

2 Mezcle en un tazón la harina integral de trigo, el azúcar mascabado y el polvo para hornear. Bata ligeramente el huevo y añádalo a la mezcla de harina; mezcle, agregue la mantequilla e incorpórela con un batidor globo hasta obtener una masa homogénea. Finalmente, incorpore a la masa la ralladura de naranja.

3 Forme esferas de masa con sus manos, colóquelas sobre la charola y aplástelas ligeramente. Espolvoréeles la avena o las semillas y hornéelas durante 10 minutos o hasta que se doren. Déjelas enfriar sobre una rejilla antes de servirlas.

VARIANTE

Personalice esta receta añadiendo a la masa sus ingredientes predilectos; por ejemplo, trozos de chocolate amargo, frutos secos picados, ralladura de limón o las especias molidas de su preferencia.

Tiempo de
preparación: 00:15

Modo y tiempo
de cocción: 00:10

Crema de avellanas
CON CHOCOLATE

75 G DE MANTEQUILLA CON SAL

200 G DE CHOCOLATE AMARGO

100 ML DE CREMA DE AVELLANA
(VER PÁG. 102)

ADEMÁS...

+ 3 CUCHARADAS DE PASTA DE AVELLANAS
(VER PÁG. 77)

+ GALLETAS O PAN, AL GUSTO

PROCEDIMIENTO

1 Trocee el chocolate y derrítalo a baño María con la mantequilla.

2 Mezcle el chocolate derretido con una espátula de silicón hasta que esté liso y brillante. Agregue la crema y la pasta de avellanas y mezcle constantemente hasta que la preparación se enfríe. Sirva con galletas o pan al gusto.

CONSEJO

Puede agregar a la crema algunas
avellanas troceadas para obtener
una textura crujiente.

Barras de quinoa inflada con arándanos
Y SEMILLAS DE CALABAZA

75 G DE ARÁNDANOS DESHIDRATADOS

65 G DE QUINOA INFLADA

65 G DE MIEL DE ABEJA

ADEMÁS...

+ 35 G DE MANTEQUILLA

+ 30 G DE AZÚCAR

+ 3 CUCHARADAS DE SEMILLAS DE CALABAZA

PROCEDIMIENTO

1 Precaliente el horno a 160 °C. Cubra con papel siliconado una charola para hornear de 30 × 15 centímetros.

2 Ponga sobre el fuego una cacerola pequeña con la mantequilla, la miel de abeja y el azúcar; cuando obtenga un caramelo claro, retire la cacerola del fuego y déjelo entibiar.

3 Mezcle en un tazón la quinoa inflada con los arándanos y las semillas de calabaza; añada el caramelo y mezcle bien.

4 Transfiera la preparación a la charola y extiéndala con una espátula presionándola bien para que adquiera la forma de la charola. Hornéela durante 25 minutos o hasta que su superficie se dore. Déjela entibiar sobre una rejilla y córtela en cuadros. Deje enfriar las barras antes de servirlas.

CONSEJO

Conserve las barras durante 5 días dentro de un recipiente hermético de metal. Puede sustituir la quinoa inflada con arroz inflado.

Cremas de chocolate
Y TOFU

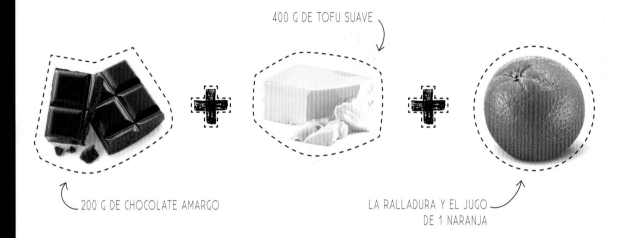

400 G DE TOFU SUAVE

200 G DE CHOCOLATE AMARGO

LA RALLADURA Y EL JUGO
DE 1 NARANJA

VARIANTE

Sustituya el chocolate amargo
por la misma cantidad de chocolate
con leche, la ralladura de naranja por
1 cucharadita de extracto de vainilla
y el jugo de naranja por ¼ de taza
de café exprés.

PROCEDIMIENTO

1 Trocee el chocolate amargo y derrítalo a baño María.
Desmorone el tofu con un tenedor.

2 Muela el tofu con el chocolate derretido utilizando una
licuadora de inmersión; deberá obtener una mezcla
homogénea y tersa. Incorpore la ralladura y el jugo de naranja y mezcle bien.

3 Distribuya la preparación en recipientes para postre
individuales y refrigere las cremas hasta el momento de
servirlas.

Recetas **COMPLEMENTARIAS**

CREMA DE FRUTOS SECOS

+ 120 G DE ALGUNO DE LOS SIGUIENTES FRUTOS SECOS
  O UNA MEZCLA DE ELLOS: ALMENDRA, AVELLANA,
  NUEZ DE LA INDIA, CACAHUATE, ETCÉTERA
+ CANTIDAD SUFICIENTE DE AGUA

PROCEDIMIENTO

1 Remoje en suficiente agua los frutos secos de su elección entre 1 y 2 horas.
2 Escurra los frutos secos y colóquelos en una licuadora con ¼ de taza de agua; licue y vierta poco a poco la cantidad necesaria de agua para obtener una preparación cremosa y tersa.

MASA PARA PIZZA

+ 275 G DE HARINA DE TRIGO + CANTIDAD SUFICIENTE PARA ENHARINAR
+ ½ CUCHARADITA DE AZÚCAR
+ 5 G DE LEVADURA EN POLVO
+ 1 CUCHARADITA DE SAL
+ ¾ DE TAZA DE AGUA TIBIA
+ 2 CUCHARADAS DE ACEITE DE OLIVA + CANTIDAD SUFICIENTE PARA ENGRASAR

PROCEDIMIENTO

1 Combine en el tazón de una batidora eléctrica 250 gramos de harina de trigo con el azúcar, la levadura en polvo y la sal. Encienda la batidora y vierta poco a poco el agua y las 2 cucharadas de aceite; bata hasta obtener una masa. Si ésta se siente muy pegajosa, añada poco a poco la cantidad de harina restante necesaria para obtener una masa firme. Amase durante 10 minutos o hasta que esté suave y elástica
2 Forme una esfera con la masa, colóquela dentro de un tazón ligeramente engrasado y cúbralo con plástico autoadherente. Déjela reposar hasta que duplique su volumen.
3 Coloque la masa sobre una mesa de trabajo ligeramente enharinada y presiónela para sacarle el aire. Forme nuevamente una esfera, cúbrala con un trapo de cocina limpio y déjela reposar durante 10 minutos. Enharine nuevamente la mesa y extienda la masa con un rodillo.

PASTA QUEBRADA

+ 125 G DE MANTEQUILLA A TEMPERATURA AMBIENTE
+ 1 PIZCA DE SAL
+ 250 G DE HARINA DE TRIGO
+ 1 YEMA
+ CANTIDAD SUFICIENTE DE AGUA

PROCEDIMIENTO

1 Acreme en una batidora eléctrica la mantequilla con la sal. Añádale la harina de trigo, sin dejar de batir, hasta obtener una consistencia arenosa. Finalmente, agregue poco a poco la yema y mezcle hasta obtener una masa; si la consistencia es muy quebradiza, agregue un poco de agua y mézclala, pero sin trabajar demasiado la masa.
2 Forme una esfera con la masa, presiónela hasta obtener un disco grueso e introdúzcalo en una bolsa de plástico. Refrigérela durante 2 horas como mínimo o toda una noche.
3 Enharine ligeramente una mesa de trabajo, coloque encima la masa y extiéndala con un rodillo hasta que obtenga un grosor de ½ centímetro.

Índice DE INGREDIENTES Y RECETAS

Índice **DE INGREDIENTES Y RECETAS** (continuación)

EDICIÓN ORIGINAL

Dirección de la publicación: Isabelle Jeuge-Maynart
y Ghislaine Stora
Dirección editorial: Agnès Busière
Edición: Ewa Lochet
Fotografía: Marie-José Jarry
Fotografía complementaria: © Thinkstock © Shutterstock
© Larousse

EDICIÓN EN ESPAÑOL

Dirección editorial: Tomás García Cerezo
Editora responsable: Verónica Rico Mar
Coordinador de contenidos: Gustavo Romero Ramírez
Traducción: Ediciones Larousse S.A. de C.V., con la
colaboración de Montserrat Estremo Paredes
Revisión ortotipográfica: Evelín Ferrer Rivera
Formación: Visión Tipográfica Editores, S.A. de C.V. /
Rossana Treviño
Fotografía complementaria: Alex Vera Fotogastronómica®
Portada: Ediciones Larousse, S.A. de C.V., con la
colaboración de Nice Montaño Kunze

Título original: *Recettes végétarienes*
ISBN 978-2-03-590439-3
Copyright © 2015 Larousse

©2017 Ediciones Larousse, S.A. de C.V.
Renacimiento #180, Colonia San Juan Tlihuaca, Delegación Azcapotzalco,
C.P. 024 00, Ciudad de México, México.

ISBN 978-607-21-1634-4
Primera edición, 2017

Impreso en los talleres de Impresora y Editora Infagón, S.A. de C.V.
Escobillería N. 3, Col Paseos de Chururbusco, Del. Iztapalapa, Ciudad de México.